FACULTÉ DE DROIT DE RENNES

THÈSE

POUR

LA LICENCE

RENNES

IMPRIMERIE DE CH. CATEL ET Cⁱᵉ,

rue du Champ-Jacquet, 25

4 F 5154

UNIVERSITÉ IMPÉRIALE DE FRANCE. — ACADÉMIE DE RENNES.

FACULTÉ DE DROIT.

THÈSE POUR LA LICENCE.

JUS ROMANUM......................... De Rapina.
DROIT FRANÇAIS...................... De la Récidive. (CODE PÉNAL.)

Cette thèse sera soutenue publiquement le 13 mars **1869**, à deux heures du soir,

PAR M. BÉESAU (AMÉDÉE-CHARLES),

NÉ A RENNES (Ille - et - Vilaine).

Examinateurs,

MM. BODIN, doyen; ÉON, professeur; GAVOUYÈRE et MARIE, agrégés chargés
de cours.

RENNES
IMPRIMERIE DE CHARLES CATEL ET Cie,
rue du Champ-Jacquet, 25.

1869

JUS ROMANUM

DE RAPINA

(Inst. Justin., L. IV, caput II; — Dig., liv. XLVII, tit. 8.)

PROŒMIUM.

Nascuntur obligationes contractu aut quasi ex contractu, delicto aut quasi ex delicto.

Dum autem quæ ex contractu aut quasi originem trahunt, in quatuor genera dividuntur, quæ ex delicto nascuntur unius generis sunt : omnes enim ex re proveniunt, id est ex ipso maleficio. (Instit. Just., L. IV, tit. I.)

Quatuor erant Romæ delicta : furtum, rapina, damnum, injuria.

Soli delicto rapinæ studeamus.

CAPUT PRIMUM.

Rapinæ definitio et natura.

Rapina est furtum vi gravius factum.

Unde si quis rem alienam non vi abstulerit, fur est sed *honestior*, ut ita dicam, pœnisque furti affligi debet. Raptor autem fur est et *improbus*. (Just. Inst., L. IV, tit. II.)

QUÆ REQUIRUNTUR UT RAPINA COMMITTI VIDEATUR.

Ut rapina committi possit, hæc quatuor concurrere debent : 1° res, 2° contrectatio, 3° affectus furandi, 4° vis.

I. — *Oportere ut res sit.*

Quas in res vitium rapinæ cadat? Necesse est res sint : *mobiles, cujusdam et raptoris non propriæ.*

1° *Necesse est ut res sit mobilis.* — Raptor enim et fur non intelliguntur nisi ad rem manus extendentes, secum sublatam trahant. Hoc tamen, de furto, admissum fuisse post quasdam disputationes Justinianus in Institutionibus docet nos : « Abolita est, ait, quorumdam veterum sententia existimantium etiam fundi locive furtum fieri. » (Inst. Just., II, 6, § 7.)

Duas autem Valentinianus et Theodosius celeberrimas reddiderunt Constitutiones de iis qui res alienas, aut mobiles, aut immobiles, ejecto possessore, per vim occupaverint « et hoc, ut omni rapina homines abstineant. » (Inst. Just., VI, § 1 in fine.)

Et Cassiodorus in formulis : « Sanctio, inquit, Valentiniani imperatoris exsurgat adversus eos qui prædia rustica vel urbana per se suosque violenter præsumpserint, expulso possessore. »

Pertinent ergo hæ Constitutiones, non modo ad res mobiles, sed etiam ad quascumque res immobiles, quas quis temere per vim occupavit.

Si quis imperatorum statuta contempserit, distinguamus utrum si res rapta *mobilis* an si *immobilis* fuerit.

I. — Si res immobilis sit, sive dolo malo, sive per errorem occupaverit, raptor tenetur *in duplum* ei quem de possessione dejecit, id est rem quam invasit protinus veteri possessori et fundi æstimationem restituere cogitur. In quo igitur duplo inest res ipsa, nec enim totum pœna est. (Sic statuit Justin. in Nov. 60.)

Si forte raptor eumdem fundum restituere non potest, alium fundum ejusdem meriti, ejusdem pretii illum præstare cogi existimo. (Sic saltem statuit Cujas in Comm. Cod., t. IV, ad legem VII. — Hanc Cujacii opinionem confirmat Cassiod., liv. III, in epistol. cujus initium : *inter gloriosas...* — Sic tandem, liv. IV, de fin. reg.)

II. — Nunc supponamus rem alienam raptam fuisse mobilem. Hic etiam distinguendum est : aut raptor rem esse suam per errorem arbitratus est aut dolo malo alienam rapuit.

Si rem esse suam existimâsset, *in duplum* tenebitur, id est rem restituere quam diripuit et rei æstimationem, etiam si causam erroris ostendat. (Nov. 60.)

Sin rem mobilem dolo malo occupaverit, tenetur actione vi bonorum raptorum (de qua videbitur infra), in quadruplum, in quo inest res quæ erepta est.

Quid autem aliud placuit in re immobili, aliud in mobili? Respondeo simplicem æstimationem rei immobilis plerumque majorem et graviorem esse quam triplicem rei mobilis æstimationem : plerumque longe majus est pretium fundi, quam rei mobilis, puta vestis aut animalis.

2° *Oportet ut res sit cujusdam.* — Rapina, ut furtum, fieri non potest nisi res vi rapta alicujus sit : nam qui rem nullius rapit eam statim occupat.

Quare lex 26 in Digesto nos docet nec furti, nec equidem rapinæ teneri eum qui apes feras, forte in alieno fundo positas, abstulerit.

Eamdem adhibeamus solutionem, si aliquid dominus dereliquerit; nam, in hoc casu, neque furandi, neque rapiendi animum habuero. (Dig., de furt., L. 43, § 5 et 6.)

3° *Oportet ut res sit aliena.* — Nemo rei suæ furtum facere potest : nemo rem suam rapere. Imo, actiones rapinæ aut furti non dantur adversus eum « qui, aliquo inductus errore aut imprudens juris, rem alienam eo animo rapuit. » (Inst. Just., L. IV, cap. II, § I.) Ignorantia enim juris excusat a delicto. Et quidem etiam « absolvi debet si, quasi domino liceat, per vim, rem suam possessoribus auferre tentaverit. » Putamus tamen eum absolvi fore non de re, sed de pœna rapti. Hanc sumimus opinionem ex sententia Constitutionum Valentiniani et Theodosii. (*Cujas, notæ in lib. IV Institutionum Just.*.)

Addit autem Justinianus : Si res vi rapta raptoris erat, ille dominio rei suæ mulctabitur.

II. — *Oportere ut contrectatio sit.*

Contrectare est rem manu tractare et loco movere. Dicit Paulus : « Furtum sine contrectatione fieri non potest nec animo furtum admittatur. »

Inde : de injuriarum actione, sed non de furti vel rapinæ accusabitur ille qui furti aut rapinæ causa, per vim, conclave, domum meam intraverit.

III. — *Oportere ut sit affectus furandi.*

Ad furandi affectum duo requiruntur ı fraus et lucri appetitio. Si fraus absit, furti locus non est : unde sequitur ut, si impubes rem vi amovet, rapinam non facit. Non idem dicendum de pubertati proximo qui doli capax est. (Inst. Just., IV, I, § 18.)

Quid denique si credat aliquis rem invito domino contrectare, domino autem volente id fiat? Dicebant jurisperiti furtum non fieri : puto rapinam non esse.

IV. — *Oportere ut vis sit,*

(Vide quod dicam *de judicio publico* in pagina 9, et quod *de vi bonorum raptorum actione.*)

CAPUT SECUNDUM.

De obligationibus et actionibus quæ ex rapina nascuntur.

Ex rapina nascuntur obligationes quæ tribus actionibus sanciuntur : actio mixta, id est de vi bonorum raptorum, rei persecutoriæ et Legis Juliæ judicium publicum.

SECTIO PRIMA.

De actione mixta vi bonorum raptorum.

Quum prætor rapinæ delictum instituit, victimæ, adversus raptorem, ejus delicti nomine dedit edicto actionem quæ appellatur *vi bonorum raptorum*. (Just. Inst., L IV, cap. II.)

Ait enim prætor : « Si cui dolo malo hominibus coactis damni quid factum esse dicetur, sive cujus bona rapta esse dicentur, in eum qui fecisse dicetur judicium dabo. »

Quæ actio est *mixta*, id est rei et pœnæ persecutoria : *in quadruplum*, in quo rei persecutio continetur (id est res erepta), et pœna; unde pœna est tripli (1). Et ita est « sive comprehendatur raptor in ipso delicto, sive non. » Et in hunc proprie casum dicam comparatam fuisse hanc actionem; namque alio casu sufficit actio furti manifesti quæ perpetuo competit in quadruplum. Cæterum, ubi hæc actio est, et furti actio est.

(1) Tribonianus triplum et quadruplum hujus actionis mutavit in duplum, tanquam existimans minus derelinquere christianum qui judæi aut pagani, quam hunc si christiani bona diripiat. (L. pen. C. Th. de pag. fac.)

Notemus autem hanc actionem quadrupli esse, solummodo intra annum utilem, cum quocumque experiundi potestas fuerit : post annum simpli.

Ut hæc actio domino competat, oportet ut delictum factum sit dolo malo; « sic publicanus, ut ait Ulpianus, qui pecus meum abduxerit, dum putat contra legem vectigalis aliquid a me factum, caret sane dolo et non actione vi bonorum raptorum tenebitur. »

Non solum raptor est et de vi bonorum raptorum teneri debet ille qui solus aliena bona rapit, sed etiam ille qui, præcedente consilio, ad ipsum homines colligit armatos qualescumque sint. In utroque casu dolo malo facere videtur.

Datur hæc actio, etiam si bona mobilia vi rapta parvi pretii aut minima fuerint. (Nota 2 in librum IV Justiniani.)

Quum hæc actio mixta sit et inde pœnæ persecutoria, non dabitur adversus heredes raptoris aut successores. Omne enim quod pœnale personale est. Quid tamen si successores locupletiores sunt facti ex delicto defuncti? Putat Ulpianus sufficere solam in eos condictionem, et actionem vi bonorum raptorum dari non fore, nomine equidem rei persecutionis. (Ulp., § 27. — Dig., liv. XLVII, tit. VIII.)

Non necesse est, in hac actione, rem vi sublatam in bonis actoris esse. Quamvis res sublata non sit mea (sic intelligere debemus verbum *in bonis*), mihi actio competit, dummodo mea intersit eam non auferri, veluti si res mihi pignoris aut commodati nomine data sit.

Et addit Justinianus : « Generaliter dicendum est ex quibus causis furti actio competit in re clam sublata, ex iisdem causis omnes habere hanc actionem, dum res vi contrectata sit. »

Imo, facilius est vi bonorum raptorum actionem quam furti obtinere. Si quis enim interesse sua vel modice docebit, debet habere vi bonorum raptorum actionem : ut puta si apud quem res deposita rapta fuerit, ille non furti actionem, sed tamen vi bonorum raptorum habet.

Quid vero in hac actione quadruplatur? Ulpianus, § 13, L. II, Dig., dicit « non id quod interest, sed verum pretium rei. » Quod ita intelligendum existimamus, non solum rei ipsius venale pretium, sed etiam quod actori amplius referre posset res si non illi rapta fuisset.

Raptor autem non sola vi bonorum raptorum actione pœnæ nomine tenetur, sed etiam furti. Etenim qui res alienas rapit, non ideo fur desinit haberi, quia per vim egit; sed adversus eum ambæ furti et vi bonororum raptorum concurrunt actiones.

Quod si in ipso delicto deprehensus fuerit, non equidem ad hunc casum actio vi bonorum raptorum proprie pertinet, cum raptor quidem teneatur actione furti manifesti in quadruplum et *perpetuo*, qua utique actione sanus quisque persequetur illum, potius quam actione de bonis raptis in triplum.

Si contra raptor non manifestus sit, concurrunt ambæ actiones furti nec manifesti et vi bonorum raptorum. Ita ut sit in arbitrio ejus qui vim passus est, utra actione uti malit : si quidem primum egerit furti nec manifesti, in duplum, deinde agere potest vi bonorum raptorum in eo quod amplius in ea est; si vero neutra intra annum usus fuerit, attamen integra remanet actio furti nec manifesti, quia perpetua est actio.

SECTIO SECUNDA

De actionibus rei persequendæ.

Actio vi bonorum raptorum non solum ad pœnam, sed rei quoque ad persecutionem attinet, cum eam mixtam esse jam diximus. At non illa tantum domino competit actio, ut rem suam persequatur, sed *ad exhibendum* agere et rem vindicare aut condicere potest. Sed quia illæ actiones in id dantur ut per eas quod a patrimonio abest obtineat, non potest eas simul exercere, sed solum eligere utra agere malit. Si igitur vindicando rem aut rei æstimationem jam obtinuerit, non illi postea condicere licet. Item, si vi bonorum raptorum prius egerit, quia et rei persecutio inest, non vindicatio aut condictio supersunt.

Quæ rei persecutoriæ actiones illi competunt cujus utique res est. Cui, quamvis dominus sit et vindicationem habeat, tamen et condictionem quæ est in personam jurisperiti concesserunt, odio furum, ea mente ut si res fortuito casu perierit, non possit vindicari, tunc equidem condictio supersit cum utique fur aut raptor constituatur in mora neque interitu rei liberetur.

Condictio adversus solum raptorem, licet non possideat, datur. Vindicatio autem atque ad exhibendum actio adversus eum qui rem possidet aut qui dolo malo desiit possidere, sive raptor ipse, sive quilibet alius, competunt.

Quæ actiones et adversus heredes transeunt. Contra vi bonorum raptorum actio, raptoris morte finitur, ut supra diximus.

SECTIO TERTIA

De judicio publico.

Rapina non privatum solummodo, sed publicum etiam delictum erat. Non igitur privatis tantum actionibus tenebatur raptor, sed publico judicio Legis Juliæ. Quæ lex quæstionem perpetuam de vi publica vel privata, id est armata aut non armata introduxerat : pœnam deportationem esse Justinianus nos docet, si vis armata fuisset; si vero sine armis, publicationem in tertiam partem bonorum.

Ille igitur qui vim passus erat, aut privata actione vi bonorum raptorum poterat agere, aut publico judicio Legis Juliæ, neque, si privatam persecutionem elegerit, illi denegandam actionem censuit Ulpianus, quamvis præjudicium publico judicio fieret : quidam utique jurisperiti non ita præjudicandum Legi Juliæ censuerant; quorum vero sententia non obtinuit (Dig., vi bonorum raptorum, I. 2, § 1.) (1)

APPENDIX

Non tamen immerito a me quæri potest, cur propriam actionem ejus delicti nomine prætor introduxerit?

Quum in civilibus bellis, milites qui bona aliena rapuerant, id furtum non esse objicerent, quia affectus furandi non esset, prætor actionem propriam vi bonorum raptorum introduxit, ut illis quorum bona rapta erant, succurreret.

(1) En d'autres termes, le criminel ne tient pas le civil en état.

DROIT FRANÇAIS

DE LA RÉCIDIVE

CHAPITRE PREMIER.

Généralités.

On entend par cause d'aggravation des peines une circonstance qui, en dehors de la criminalité de l'infraction et sans en altérer la nature intrinsèque, exige cependant une répression plus sévère : le fait reste le même, mais l'agent doit être considéré comme plus coupable, et, dès lors, être plus sévèrement puni.

L'unique cause d'aggravation des peines est la *récidive*. Je dis l'*unique cause*, car les circonstances aggravantes, qui, elles aussi, influent sur la peine à infliger au délinquant et l'élèvent, ne sont pas, à proprement parler, des causes d'aggravation.

En effet, si la circonstance aggravante proprement dite et la récidive se rapprochent par leur résultat, en ce sens que l'une comme l'autre tendent, en définitive, à frapper avec plus de rigueur un agent plus coupable, elles diffèrent essentiellement par leur nature.

Les circonstances aggravantes changent l'infraction de nature, et souvent même de nom ; en un mot, l'aggravation porte directement sur la criminalité et ne modifie la peine que par voie de conséquence. Le propre de la récidive, au contraire, est de modifier directement la peine en l'aggravant, sans changer ni la qualification ni la nature du fait imputé. Le crime du meurtrier récidiviste, c'est-à-dire de celui qui a commis un nouvel homicide volontaire après avoir subi déjà une condamnation pour un fait de même nature, restera toujours qualifié meurtre, mais la peine changera : il sera plus coupable, il aura persévéré dans le crime, et voilà pourquoi le législateur le frappera la seconde fois d'une peine plus rigoureuse que la première.

La *récidive* (de *rursus cadere*, tomber de nouveau) est le fait de commettre une nouvelle infraction, une nouvelle faute, après avoir reçu un premier avertissement de la justice. C'est la persévérance dans la violation du commandement social. L'agent a été frappé par la loi; mais il montre par un second crime qu'il veut rentrer en lutte avec elle, qu'il ne tient aucun compte de ses sanctions et les méprise.

Il résulte logiquement de cette définition que la première condition pour qu'il y ait récidive dans le sens de la loi, est une première condamnation ayant acquis l'autorité de la chose jugée.

Quoi qu'il en soit, examinons tout d'abord si ce principe de la récidive, considérée comme cause d'aggravation des peines, est bien légitime. La société et les législateurs qui la protègent ont-ils le *droit* de prendre en considération la rechute de l'infracteur pour mesurer la peine dont ils doivent le frapper? Des objections assez nombreuses ont été présentées sur cette question : examinons les principales en les réfutant.

Et d'abord, on a formulé contre la légitimité du principe de la récidive une objection spécieuse tirée de la prétendue inconciliabilité de l'aggravation de peine avec le principe *non bis in idem* qui domine notre droit pénal tout entier : « Peut-on dire, s'écrie M. Carnot, qu'il soit dans les principes « d'une exacte justice d'appliquer aux condamnés en récidive une peine « plus sévère que celle qu'ils ont encourue par le genre de crime dont ils « se sont rendus coupables? S'ils ont commis un premier crime, ils en ont « été punis; leur infliger une nouvelle peine à raison de ce crime, n'est-ce « pas ouvertement violer à leur égard le *non bis in idem* qui fait la base « de toute notre législation? D'une autre part, la peine d'un crime ne peut « être aggravée qu'à raison des circonstances qui s'y rattachent, qui lui « sont concomitantes et qui en font un tout indivisible. »

Cette objection a incontestablement de la valeur si on l'oppose au système qui voudrait faire entrer de nouveau dans la mesure de la peine du dernier délit celle déjà subie ou précédemment encourue pour des délits antérieurs (1). Mais telle n'est pas la pensée de notre Code Pénal.

Sans doute, quand le législateur a frappé un coupable à raison d'un premier crime, il n'a plus le droit de lui infliger une nouvelle peine à raison de ce même crime, et l'infracteur est protégé par le principe *non bis in idem*, que personne ne conteste. Mais, au cas de récidive, la loi ne demande compte au délinquant que du *second crime* seulement, qui a caractérisé sa moralité et révélé à ses juges de la manière la plus évidente qu'ils ont à punir un criminel plus pervers, plus endurci, et partant plus dangereux pour la société.

Et cette présomption d'immoralité, cette induction rigoureuse, qui remonte jusqu'à la conscience humaine, ne suffit-elle pas à elle seule pour légitimer l'aggravation de peine? Est-il un seul instant douteux que le législateur ait le droit de punir plus sévèrement celui qui, après avoir méprisé une première fois les inspirations de sa conscience, vient ajouter le mépris du châtiment? La loi pénale, comme les autres lois, est faite pour les cas les plus ordinaires, pour une perversité *moyenne*, selon l'expression de M. Bertauld; mais aura-t-elle dépassé ses droits en prévoyant le cas où elle aura acquis la preuve qu'elle avait affaire à une de ces natures tellement dangereuses et vouées au mal que la sanction moyenne était insuffisante, et qu'un surcroît d'immoralité appelait nécessairement un surcroît d'expiation? Incontestablement non.

On ne s'est pas arrêté là, on a insisté et on a dit : Mais la récidive, qui, à vos yeux, est une circonstance légitime d'aggravation de peine, est aussi, vous ne pouvez le nier, complètement étrangère au fait incriminé lui-même; dès lors, pouvez-vous faire entrer en ligne de compte, pour le calcul de la peine, la prétendue perversité qui en résulte?

Ceux qui raisonnent ainsi oublient qu'il faut distinguer dans toute infraction, pour la détermination de la peine, deux éléments : l'élément matériel et l'élément moral. Le premier invariable, le second qui peut varier à l'infini. Or, c'est précisément pour s'efforcer de mettre les châtiments en rapport avec ces nuances délicates et sans nombre, ces degrés multiples de culpabilité, que la loi a déterminé à l'avance certains faits étrangers au délit, appelés soit excuses légales, soit circonstances atténuantes, et qui

(1) Ce double emploi, cette seconde addition se trouve consacrée dans le Code Pénal de Bavière de 1813, et viole manifestement la règle *non bis in idem*.

doivent être pour le juge un signe certain de diminution dans la criminalité du fait. J'en conclus qu'on ne pourrait, sans inconséquence, méconnaître le droit de mettre dans la même balance, non plus pour diminuer la criminalité de l'agent, mais pour l'augmenter et la punir, des circonstances que j'appellerai psychologiques, légalement constatées, prises aussi en dehors du délit lui-même, et qui sont la preuve incontestable d'une perversité plus grande et de l'inefficacité d'une première répression.

Je crois avoir établi que la récidive était légitime dans son principe, juste dans ses conséquences. J'aborde maintenant quelques questions théoriques qui peuvent donner lieu à certaines difficultés, et qui se rattachent, du reste, au fondement juridique et philosophique de la récidive.

L'on s'est demandé si, pour que la peine puisse être aggravée, il était nécessaire que la nouvelle infraction fût exactement la même que la première. En d'autres termes, faut-il *identité* de délits, et la récidive légale est-elle subordonnée à la condition d'une rechute dans la même espèce d'infraction déjà punie? Ainsi, celui qui a été condamné pour faux, et qui commet ensuite un attentat à la pudeur, devra-t-il être frappé comme récidiviste lors du jugement de son second crime? Celui qui s'est vu frappé des peines dont la loi punit le faussaire, sera-t-il récidiviste et puni comme tel, s'il se livre postérieurement à des actes de violence ou de rébellion?

A Rome, l'identité des délits était nécessaire : pour que l'aggravation existât, il fallait que le coupable persévérât *iisdem sceleribus;* et Farinacius nous enseigne (*Quæst.* 23, n° 30) qu'il en était ainsi dans notre vieux droit.

En Autriche, en Prusse, on a adopté ce système. Au Brésil et à la Louisiane, il n'y a récidive qu'entre délits de même nature, et le faussaire qui commet un vol, l'assassin qui se rend coupable d'un incendie, ne sont pas récidivistes.

Un pareil système, monstrueux dans ses conséquences et qui est en contradiction formelle avec la justice morale et la conscience humaine, ne me paraît pas admissible dans notre droit français. A quelle opinion devrons-nous donc nous ranger?

MM. Hélie et Chauveau, qui ont examiné la question, la résolvent par une distinction. Ils demandent qu'entre deux faits à punir il y ait, non pas identité parfaite, mais du moins analogie. « Il serait illusoire d'ad-
« mettre, disent-ils, que le faussaire qui commet un vol, le meurtrier qui

« se rend coupable d'un attentat à la pudeur, ne sont pas en récidive, car
« la *même* perversité a guidé le meurtrier et le faussaire... La nature même
« des choses a divisé les infractions en délits contre les personnes, contre
« la propriété, politiques, etc... Dans chacune de ces classes, la réitération
« d'un délit doit former récidive; mais si les deux infractions n'appar-
« tiennent plus à la même *classe*, la récidive n'existe plus... C'est à ces
« termes que se résume notre pensée. »

Si je ne me trompe, les éminents criminalistes dont je viens de citer les
paroles tombent précisément, quoique d'une manière moins absolue sans
doute, dans les écarts qu'ils reprochent, à juste titre, aux législateurs de
la Louisiane, du Brésil et de l'Autriche.

A leurs yeux, en effet, celui qui, après s'être rendu coupable d'un attentat à la pudeur (crime contre les personnes), commet ensuite un vol à
main armée, avec escalade (crime contre la propriété), ne doit pas être
considéré comme récidiviste, ces deux crimes étant de deux *classes*, de deux
genres différents, et la réitération de ces deux infractions ne prouvant pas
« *l'habitude dans le même genre de délit.* »

On voit donc que le critérium de distinction, que MM. Chauveau et
Hélie appellent *simple et facile*, est loin de satisfaire à la justice morale et
conduit inévitablement à un système qui est en opposition avec la loi elle-
même, puisqu'aux termes de notre Code Pénal, toutes les fois qu'après
avoir été condamné pour un crime, le même individu commet un nouveau
crime, il est récidiviste, quelque différente que soit d'ailleurs la perversité
qui l'a guidé dans un cas ou dans l'autre, quelque distinct que soit le
genre de corruption où les délits ont pris leur source.

Inexact au point de vue pratique, ce système est-il au moins satisfaisant
au point de vue purement théorique? Pas davantage.

Je concède qu'*a priori* il paraisse assez logique de dire que la récidive,
étant considérée comme une circonstance aggravante, en ce qu'elle
dénote une *habitude* criminelle chez l'agent, il est nécessaire, pour qu'elle
existe, que les faits à punir découlent d'une même source, d'une même
classe, selon l'expression de M. Faustin Hélie : mais quand on y réfléchit,
on en vient à faire bonne justice de ce raisonnement d'abstraction pure,
tiré d'une connexité dans les fautes, qui n'est écrit nulle part dans la loi,
et l'on se demande, en vérité, si, au contraire, celui qui, au lieu de retom-
ber toujours dans la même infraction, épuise tous les degrés de crimes que
le législateur prévoit et réprime, ne démontre pas par là qu'il possède

une âme plus dégradée, et, dès lors, ne doit pas être plus sévèrement puni !

En dehors de la succession des délits, condition essentielle à l'existence de la récidive, il peut se présenter certaines circonstances qui doivent être prises en grande considération, pour mesurer l'aggravation pénale résultant de la récidive et influer sur son résultat.

Ainsi, il est certain, tout d'abord, que le laps de temps écoulé entre les deux faits à punir doit modifier, dans une certaine mesure, les peines encourues par les récidivistes. Je suppose, en effet, que l'agent qui a commis un premier vol, et qui en a subi la peine, se rende coupable d'un second fait de même nature trente ou quarante ans après. Serait-il raisonnable de rapprocher ces deux faits à punir et d'en déduire la preuve de l'obstination dans le crime que réclame la loi pour frapper plus sévèrement le délinquant? Cette vie intermédiaire de vingt ou trente années serait-elle donc comptée pour rien, ne suffirait-elle pas à laver complètement une première faute? La justice et le bon sens répondent eux-mêmes : il est inadmissible que, quand le second délit n'est commis qu'après un *certain* intervalle, il doive être considéré comme une rechute. C'est une faute nouvelle qui ne doit avoir avec la première aucune relation, aucune connexité. Il est à regretter que le législateur de 1810 n'ait pas donné satisfaction à cette idée.

Mais quel laps de temps exigerions-nous pour déclarer l'indépendance des deux faits, et, ce qui en est la conséquence rigoureuse, la non-aggravation de la peine encourue?

Sur cette question, les avis sont partagés. Nos anciens criminalistes voulaient qu'une période de trois années ait séparé les deux délits, « *si per dictum tempus bene et laudabiliter vixerit*, disaient-ils en parlant du coupable, *cessat praesumptio quod semel malus, iterum praesumitur malus.* » (1) Sous l'empire de la loi du 25 frimaire an VIII, trois années étaient également exigées. MM. Chauveau et Hélie ne paraissent pas trouver ce laps de temps suffisant, et ils estiment que peut-être, en portant ce terme à dix ans, qui ne compteraient que du jour de l'expiration de la première peine, arriverait-on à concilier l'application du principe de la récidive avec la raison qui le justifie. Au sentiment de M. Ortolan, il y a lieu de procéder par voie d'analogie, et il ajoute que le laps de temps doit être égal à celui

(1) Farinacius, *quaestio* 23, n° 26.

à l'expiration duquel le droit même de faire exécuter la condamnation se serait trouvé prescrit, s'il y avait eu prescription.

Nous croyons que cette question est d'une appréciation trop délicate pour recevoir une solution absolue, et peut-être serait-il plus sage de laisser à l'appréciation du juge *du droit*, comme en matière de circonstances atténuantes, le soin d'apprécier dans quelle mesure la société doit se ressouvenir, pour s'en faire arme contre le coupable, d'une première faute vraisemblablement rachetée par une longue et paisible carrière, et si la présomption de perversité doit s'évanouir ou être maintenue.

Rappelons cependant que la loi, qui ne détermine pas le laps de temps en matière de crimes ou de délits (1), l'a fixé en matière de contravention, et qu'aux termes de l'art. 483 du Code Pénal, il n'y a récidive de contravention à contravention que quand la seconde a été commise une année après la première. — Quoi qu'il en soit, en matière criminelle ou correctionnelle, la loi étant muette, il est incontestable qu'une condamnation peut, en tout état de cause, servir d'élément à la récidive.

Enfin, on s'est demandé si l'aggravation résultant de l'état de récidive devait être facultative ou obligatoire pour le juge. Je ne saurais admettre qu'elle fût facultative. En cette matière, en effet, tout doit être circonscrit dans des bornes étroites, et l'on ne saurait, sans de bien graves inconvénients, dont un des principaux serait de substituer le bon vouloir du juge à la stabilité de la loi, augmenter, dans une aussi large mesure, le fardeau déjà si pesant et si terrible qui incombe à nos tribunaux de sauvegarder l'honneur des citoyens et de punir leurs défaillances.

Il faut avouer pourtant que la loi du 28 avril 1832, en introduisant dans notre Code Pénal les circonstances atténuantes, confie elle-même au juge, dans une certaine limite, le pouvoir d'augmenter ou de diminuer, à sa discrétion, les peines édictées par la loi.

Les lois romaines et nos anciens auteurs avaient méconnu ces principes, puisque, comme nous allons le voir, ils allaient jusqu'à punir de mort le vol commis pour la troisième fois.

Cette règle, restrictive et fondamentale en cette matière, souffre pourtant des tempéraments; et nous verrons bientôt, en étudiant les différentes

---

(1) La Cour de Cassation a jugé que la peine de la récidive en matière correctionnelle est indépendante de tout délai entre le premier et le second délit. (Arrêt du 14 juillet 1808.)

hypothèses qui peuvent se présenter, que s'il est des cas où le législateur se contente d'élever la peine sans en changer la nature primitive, il en est d'autres où il provoque l'application d'une peine supérieure.

CHAPITRE II.

Historique.

L'idée d'user d'une rigueur plus grande vis-à-vis de celui qui a été inutilement frappé d'une condamnation antérieure se rencontre dans toutes les législations.

I. *Droit romain.* — Nous trouvons dans les lois romaines de nombreux textes consacrant le principe de la récidive. Et tout d'abord, au Digeste (48, 19, *De pœnis*), Justinien, parlant de la peine à infliger aux *grassatores* (vagabonds marchant au vol et à la rapine), nous dit : « *Utique si sæpius atque in itineribus hoc admiserint.* » Modestin nous enseigne (Digeste, 49, 16, *De re militari*, 3, § 9), à propos de la désertion, que le conscrit (*tiro*) mérite l'indulgence pour une désertion première, mais qu'il doit être plus sévèrement puni « *si iterato hoc admiserit.* » Et au Code (*De Episcopali audientia*), les Constitutions des empereurs Valentinien, Théodose et Arcadius refusent les indulgences pascales (1) aux criminels qui sont retombés plusieurs fois dans les mêmes infractions.

Au Digeste (37-14, *De jure patronatus*), Ulpien nous apprend, en outre, que l'affranchi qui s'est rendu coupable d'un acte inofficieux envers son patron est plus rigoureusement châtié , « *si rursus causam quærelæ præbuerit.* » Enfin, la loi *Julia*, ainsi que les Constitutions impériales susmentionnées, prévoit et punit le crime de ceux « *qui bis, aut sæpius violentiam perpetrasse convincintur.* »

Ces fragments de textes donnent à penser que l'on ne distinguait pas à Rome la récidive proprement dite de ce que nous appelons la *réitération*. Ce substantif n'avait pas de mot correspondant en latin. L'application des

---

(1) Les indulgences pascales dont parle ici le texte, paraissent être l'origine des grâces collectives accordées chaque année par le souverain aux condamnés, à l'occasion de la fête nationale de l'Empire. Nos anciens criminalistes s'étaient cru autorisés par le texte de ces Constitutions impériales à conclure qu'il ne devait y avoir de grâces pour les récidivistes

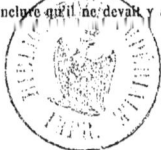

peines, en matière de récidive, suivait d'ailleurs la déplorable distinction des esclaves et des personnes libres, et parmi les peines dont les condamnés récidivistes étaient frappés, on doit citer la *marque*, dont Constantin défendit pourtant de maculer la face de l'homme.

Remarquons d'ailleurs que le proconsul, magistrat chargé d'appliquer la peine, avait toute faculté pour l'augmenter ou la diminuer, et que dès lors les condamnations étaient purement arbitraires.

II. *Législation antérieure à 1789.* — Du droit romain, le principe d'aggravation des peines résultant de la récidive passa dans notre vieux droit. « *Consuetudo delinquendi*, disaient nos anciens docteurs, *est circumstancia* « *aggravandi delictum et delinquentem acrius puniendi.* » (V. Godefroid et Paul de Castro sur la loi 3 du Code, *De episc. aud.*) Cette habitude (*consuetudo*) exigée pour l'aggravation pénale était suffisamment établie par deux actes répréhensibles, et la deuxième récidive, c'est-à-dire la troisième rechute, était plus sévèrement punie que la première, « *gravius multo pu-* « *niendus est, qui ter deliquit quam qui bis,* » nous dit Farinacius. Ainsi, le troisième vol, quelque minime qu'ait été le préjudice, pouvait entraîner la mort (1). Ces principes, à la vérité, n'avaient pas été consacrés d'une manière générale par les lois; mais les juges jouissaient d'un pouvoir discrétionnaire, vieux reste des abus constatés dans la législation romaine.

On voit donc que l'aggravation pour cause « *d'accoustumance* » contre les « *coutumiers de mal faire* » pouvait, s'élevant de degrés en degrés, acquérir, même pour des délits inférieurs, des proportions véritablement épouvantables et entraîner les plus terribles châtiments. Ces résultats regrettables étaient d'autant plus à redouter, que les ordonnances de nos rois interdisaient quelquefois aux juges de modérer les peines, et qu'eux-mêmes allaient souvent jusqu'à renoncer par avance à l'exercice du droit de grâce. En prononçant la sentence, le juge faisait défense au condamné de « rencheoir, » sous menace « de plus griefve punition, » et l'on a vu qu'il tenait parole.

Cependant, l'aggravation pénale ne consistait pas nécessairement dans une peine d'une nature supérieure à celle infligée une première fois, mais souvent aussi dans le dernier ressort que l'ordonnance de 1670, rendue sous Louis XIV, conférait « aux mareschaux de France, lieutenants crimi-

(1) Coutume de Bourgogne.

nels et vice-baillifs, » en tant qu'ils jugeaient les récidivistes. Et cette peine, car c'en était une, s'appliquait aussi aux gens sans aveu, aux bannis et aux repris de justice (1).

Au temps de Jean Bouteiller (2), grand coutumier de France sous Charles VI, certains criminels récidivistes étaient encore « *signés en la joue du seing de la justice ou du seigneur.* »

Je n'ai pas besoin de rappeler, en terminant ce rapide aperçu sur cette période, que les jurisconsultes féodaux s'étaient beaucoup inspirés du droit romain en matière criminelle, que les axiomes de la loi romaine étaient la loi des *arrêts*, et que, par conséquent, l'arbitraire dans l'application des peines était la principale règle de droit pénal.

III. *Droit intermédiaire.* — Un des premiers soins de la Révolution française fut d'apporter à notre législation tout entière, et notamment aux règles surannées qui régissaient le droit criminel en France avant 1789, des modifications vainement sollicitées par des hommes de génie, et contre lesquelles était venue s'échouer, lors de la discussion de l'ordonnance de 1670, la généreuse initiative d'un magistrat illustre, M. de Lamoignon, premier président au Parlement de Paris.

Le Code Pénal des 25 septembre-6 octobre 1791 (3), promulgué sous l'Assemblée Constituante, s'occupe de la récidive, mais seulement de la récidive criminelle. Il pose une règle générale : la rechute dans l'infraction n'entrainera pas désormais de peines plus sévères ; mais après avoir subi la seconde condamnation, le coupable sera transféré, pour le reste de ses jours, aux lieux fixés pour la déportation.

Cette disposition légale demeura pourtant sans effet, aucun lieu de déportation n'ayant été désigné par le gouvernement pour recevoir les criminels récidivistes. Ils demeurèrent donc impunis jusqu'à la loi du 23 floréal an X, qui vint combler cette lacune et qui, dans son art. 1er, abandonnant le système, excellent à tous points de vue, de la loi de 1791, le remplaça par des dispositions véritablement draconiennes en prononçant,

---

(1) En ce qui concerne les repris de justice, les vagabonds et les bannis récidivistes, il est curieux de lire les détails que contiennent les déclarations du roi du 21 mai 1682, du 25 juillet 1700 et du 8 janvier 1719, où l'on trouve l'origine de la déportation et du défrichement de nos colonies par les condamnés criminels ; enfin, celle du 4 mars 1724.

(2) *Somme rurale.*

(3) Partie première, titre II, art. 1 et 2.

pour tous les cas de récidive criminelle indistinctement, la peine de la marque ou flétrissure. Le but du législateur, dit M. Jaubert, était qu'à tout instant l'identité des récidivistes pût être constatée.

J'ai dit que le Code des 25 septembre-6 octobre 1791 était muet sur la récidive en matière de délits et de contraventions. La loi des 19-22 juillet de la même année s'en occupa et décida que, pour la plupart des cas, l'aggravation pénale résultant de l'état de récidive consisterait désormais à appliquer aux coupables le double de la peine encourue. Le Code du 3 brumaire an IV ne s'occupe que très-incidemment de la récidive et renvoie purement et simplement, en matière criminelle, aux dispositions édictées par les lois des 19 juillet et 28 septembre 1791.

En faisant descendre au rang de simples délits correctionnels des faits que le Code Pénal de 1791 punissait de peines afflictives et infamantes, la loi du 25 frimaire an VIII disposait qu'au cas de récidive, les délits seraient jugés par le tribunal criminel et punis des peines portées au Code Pénal. Il enjoignait, en outre, au juge de donner lecture au coupable, en prononçant la première peine, des dispositions de la loi sur cette matière (1).

Du reste, sous l'empire de cette loi, il y avait récidive de délit à délit quand le second délit avait été commis par le condamné dans les trois années à compter du jour de l'expiration de la peine qu'il avait déjà subie. (Art. 1er.)

Observons ici que le délai de trois ans, pendant lequel un nouveau délit rendait son auteur récidiviste, se comptait, non du jour du premier jugement de condamnation, mais seulement du jour de l'expiration de la peine infligée pour le premier délit, — et que, par suite, il n'y avait lieu à appliquer la peine de la récidive à celui qui, subissant sa peine pour un premier délit, commettait un délit de même nature. (Cass., ch. crim., arrêt 16 vend. an IX.)

IV. *Législations étrangères.* — Les législations étrangères, comme la nôtre, ont toutes envisagé la récidive comme circonstance aggravante du fait principal. Ainsi, notamment d'après le Code du Brésil, il existe pour chaque crime trois degrés de punitions, et la plus grave est réservée au cas où le délinquant est en récidive d'un délit de même nature.

---

(1) Toutefois, la question de savoir si l'omission de cette lecture au prévenu empêchait la récidive était fort controversée.

Le Code Pénal de la Louisiane, dont les dispositions sont extrêmement dures à l'égard des récidivistes, augmente la peine infligée au délit d'une moitié en sus, quand il est commis en récidive, et, au cas d'une troisième condamnation, le coupable est à jamais flétri, considéré désormais comme indigne de vivre en rapport avec ses semblables, et condamné, en conséquence, aux travaux forcés pour le reste de ses jours.

La loi autrichienne, qui ne suit pas, pour le récidiviste, une marche aussi rigoureuse et aussi rapide dans l'échelle pénale, aggrave pourtant la peine, soit par la durée, le travail public, l'exposition, les coups de verges et le jeûne.

En Prusse, en Danemark, en Suède et en Norwége, le principe qui domine la récidive est qu'elle entraine toujours l'augmentation de la peine établie par la loi pour simple délit, sans toutefois que le juge puisse changer le genre de peine qu'elle détermine.

CHAPITRE III.

Des conditions essentielles et constitutives de la récidive sous l'empire de notre Code Pénal; — sa preuve.

La première condition essentielle et indispensable à l'existence de la récidive et à l'aggravation pénale qui en résulte est, nous l'avons déjà vu, une *première condamnation*. Cette règle, qui est écrite en termes formels dans les art. 56 et suivants du Code Pénal, a été de tout temps admise par les criminalistes.

Callistrate nous apprend qu'elle existait à Rome, car il nous dit : « *Quod si* ita correcti, *in iisdem deprehendantur, exsilio puniendi sint, nonnunquam capite plectendi.* » Et Farinacius exige que la peine ne reçoive aucune aggravation, à moins que le coupable « *de primis delictis condemnatus et punitus fuerit.* »

Sans cette condamnation antérieure, pas de récidive possible; la multiplicité des crimes et des délits ne suffirait pas pour la constituer, et il en est ainsi quand même l'accusé aurait été l'objet d'une condamnation, si cette condamnation avait été prononcée postérieurement à la perpétration du crime qui fait l'objet de l'accusation.

La raison de cette règle est facile à saisir. Il n'y a, en effet, que l'inemcacité d'une première punition qui puisse démontrer que le coupable est incorrigible, que l'avertissement résultant de la peine ordinaire est sans effet sur lui. Quand un individu n'a pas été condamné, sa perversité n'a pas encore été mise à l'épreuve, et il est impossible de savoir quelle influence eût produit sur lui une première condamnation. « Qui pourrait « dire, ajoute M. Faustin Hélie, que la justice, par une action plus rapide, « la peine, par sa bienfaisante influence, n'auraient pu prévenir la rechute « de l'accusé?... »

Il ne suffit pas, cependant, qu'une condamnation ait été prononcée. Pour qu'elle puisse servir de point de départ à la récidive, il est nécessaire qu'elle soit définitive, c'est-à-dire, qu'elle ait acquis l'autorité de la chose jugée, et qu'elle ait été *légalement* portée à la connaissance du condamné.

Examinons donc successivement ce qui arrive dans les cas d'une condamnation par défaut ou par contumace.

Pour qu'un jugement par défaut soit exécutable, il faut, ou qu'il ait été signifié au condamné et que ce dernier y ait acquiescé, ou bien qu'après signification préalable, les délais d'opposition soient expirés. Si donc la seconde infraction a été commise avant la signification prescrite par la loi, ou après cette formalité accomplie, mais pendant les délais qui permettent au condamné de réduire à néant la décision qui l'a frappé, il ne peut y avoir récidive. Pour la même raison, elle ne saurait exister tant que l'accusé contumace se trouve encore dans les délais pour se représenter.

Mais allons plus loin, et demandons-nous ce qui arrivera si l'accusé ou le condamné défaillants laissent expirer les délais qui leur sont accordés, soit pour se représenter, soit pour former opposition?

Au premier examen, cette question ne paraît présenter aucune difficulté. MM. Chauveau et Hélie, qui l'ont examinée, la trouvent cependant délicate, et l'idée de douter vient de ce que, dans cette double hypothèse, le prévenu ou l'accusé ne s'étant pas défendus, la condamnation ne forme qu'une preuve incomplète de la culpabilité, et que, d'ailleurs, il n'a pas subi l'influence corrective du châtiment, puisque la peine, de l'exécution de laquelle on avait droit d'espérer quelque amendement, n'a pas été subie. Ne peut-on pas dire que pour le défaillant l'avertissement a été moins solennel et la rechute moins criminelle que s'il avait subi une condamnation contradictoire? Les arrêts par contumace ou par défaut se résument, selon l'expression de M. Hélie, à de simples menaces contre ceux qui se dérobent volontairement à la justice dont ils ont encouru les sanctions.

Quelque fondées que puissent paraître ces considérations théoriques, il est certain que la loi n'a pas fait ces distinctions. Tous les condamnés sont placés sur la même ligne. Or, en présence du silence des textes, il n'est pas permis d'introduire des distinctions arbitraires. C'est dans ce sens que les anciens criminalistes résolvaient la question : « *Pœna augetur etiam propter antiqua delicta,* » nous disent-ils; et un arrêt de la Cour suprême du 10 février 1820 a décidé aussi que l'accusé ne peut se dérober aux peines dont la loi frappe le récidiviste, en opposant la prescription de la première peine à laquelle il a été précédemment condamné. Cette décision me paraît, du reste, parfaitement conforme à la nature même de la prescription en matière criminelle, puisqu'il est de principe qu'elle ne *détruit* ni *n'altère* en rien la condamnation, mais couvre seulement la peine.

Nous devons faire remarquer ici que la loi du 27 juin 1866 a modifié l'art. 187 du Code d'Instruction Criminelle, en disposant que désormais, quand la signification de l'arrêt ou du jugement rendu par défaut n'aura pas été faite à *la personne* même du condamné, ou s'il ne résulte pas d'actes d'exécution du jugement que le prevenu en aura eu connaissance, l'opposition sera recevable *jusqu'à l'expiration des délais de la prescription de la peine.*

Il faut convenir que les peines édictées par la loi contre les récidivistes seront rarement applicables aux condamnés défaillants, puisque, d'une part, en se dérobant toujours aux recherches de la justice, ils réduiront à l'état de lettre-morte la décision qui les a frappés, et que, d'un autre côté, quand ils n'ont pas été touchés personnellement par une signification en bonne et due forme, ils conservent pendant vingt ans s'il s'agit d'une peine criminelle, et pendant cinq pour une peine correctionnelle, la faculté d'annuler la décision rendue contre eux. Ce cas se rapprocherait, du reste, assez de celui où un laps de temps considérable s'est écoulé entre le premier terme de la récidive et la seconde infraction, et que nous avons examiné plus haut.

Mais *quid* du condamné qui, après avoir obtenu la réhabilitation, se rend coupable d'un nouveau crime ou d'un nouveau délit? Doit-il être considéré comme récidiviste? M. Favart de Langlade estime que la réhabilitation doit faire cesser les effets de la condamnation et que, dès lors, le réhabilité, s'il se rend coupable d'une nouvelle faute, ne peut être considéré comme récidiviste. Je n'hésite pas à repousser cette opinion comme contraire à la loi elle-même. L'art. 633 du Code d'Instruction Criminelle en effet, n'a pas reproduit dans ses termes la pensée du Code Pénal de 1791, qui admettait que la bienfaisante mesure de la réhabilitation faisait cesser *tous les effets* résultant de la condamnation. Aujourd'hui, la réhabilitation n'efface en rien le crime et ne fait pas cesser tous les effets de la condamnation ; c'est un baptême civique qui relève seulement le coupable des incapacités résultant de la décision judiciaire qui l'a frappé, mais cette décision n'est pas annulée. La Cour de Cassation a consacré ce principe dans un arrêt du 6 février 1823, rendu sur le pourvoi formé par M. le procureur général Mourre contre l'arrêt d'une Cour d'Assises, qui n'avait condamné qu'à six ans de réclusion un individu frappé, une première fois, de la peine de mort, commuée en celle de dix ans de fers, et qui, après avoir été réhabilité à l'expiration de cette peine, avait ensuite été condamné pour faux. La Cour, faisant droit aux réquisitions du procureur général, déclara le coupable en récidive et cassa l'arrêt.

Malgré les décisions de la jurisprudence, basées, je le reconnais, sur la nature même de la réhabilitation dans nos Codes, peut-être serait-il difficile d'expliquer d'une manière satisfaisante pourquoi le crime effacé par la réhabilitation resterait indélébile pour la récidive seulement. Ce résultat peut paraître d'autant plus surprenant, que la faveur de la réhabilitation n'est concédée qu'après un laps de temps considérable, et que le gouvernement n'en accorde le bénéfice qu'à ceux qui, après avoir subi l'épreuve d'une carrière honorablement parcourue, se sont rendus dignes de reprendre, parmi leurs concitoyens, le rang d'où une première faute les avait fait décheoir.

Nous pouvons appliquer à la grâce ou à la commutation de peine les principes qui viennent d'être exposés sur la réhabilitation. La grâce ne détruit pas les condamnations : elle en modifie seulement les effets (1). Toutefois, M. Favart de Langlade émet, dans son répertoire, l'avis que si les lettres de grâce avaient été expédiées avant toute exécution de la peine, elles empêcheraient que la condamnation pût servir d'élément à la récidive. Nous ne saurions adopter ici encore l'opinion de M. de Langlade. Il est incontestable que, dans aucun cas, la grâce ne détruit la condamnation. L'effet qu'elle produit n'a trait qu'à l'exécution, dont elle fait remise partielle ou totale.

En ce qui concerne l'amnistie, nous devons raisonner autrement. L'am-

(1) V. ordonnance de 1818.

nistie anéantit complètement la condamnation, et elle efface jusqu'à son souvenir, de telle sorte que l'infraction, qu'elle détruit à jamais, ne peut donner à un nouveau crime le caractère qui s'attache à la récidive.

C'est ce principe que, dans un procès récent et dont on a fait bruit, le tribunal correctionnel de la Seine (6ᵉ chambre) a méconnu, en appliquant à M. Charles Delescluze les peines de la récidive, bien que cet inculpé eût, en 1859, éprouvé les bienfaits de l'amnistie générale. La Cour de Paris, sur l'appel interjeté par le condamné, a corrigé et réformé en ce point seulement la décision des premiers juges, et décidé en conséquence que les condamnations antérieures ayant été effacées par l'amnistie, ne pouvaient le placer en état de récidive. (1)

Pour compléter ces principes généraux, on doit se demander si un Français serait sujet aux peines de la récidive à raison d'une condamnation précédemment prononcée par un tribunal étranger? Nous ne le pensons pas (2). Il a été jugé cependant que, pour qu'il y ait récidive, il n'est pas nécessaire que la première condamnation ait été prononcée en vertu du Code Pénal actuel, mais qu'il suffit qu'elle l'ait été par un tribunal d'un pays qui, postérieurement à la condamnation, aurait été réuni à la France.

Par contre, d'après MM. Chauveau et Hélie, on ne doit point considérer, comme émanant d'un tribunal étranger, la condamnation rendue par une Cour criminelle faisant partie de la France à l'époque où cette condamnation a été prononcée, et détachée du territoire de l'Empire par suite de traités (3).

Enfin, la condamnation prononcée par un tribunal militaire ou maritime peut-elle servir de base à l'aggravation pénale encourue par la récidive?

Cette question, fort contestée autrefois, se trouve résolue expressément dans le § 7 de l'art. 56 du Code Pénal, qui fait la distinction suivante : Si le crime ou le délit puni par la juridiction d'exception (tribunal militaire ou maritime) est *commun*, c'est-à-dire également punissable d'après les lois pénales ordinaires, la récidive existe, et les juges du droit doivent appliquer les peines qu'elle entraîne. La première infraction appartient-elle, au contraire, exclusivement aux tribunaux d'exception, et n'est-elle ni

---

(1) Arrêt du 16 décembre 1868 (affaire du cimetière Montmartre).
(2) Telle est aussi l'opinion de MM. Favart de Langlade, Hélie et Chauveau et Trébutien.
(3) V. aussi Dalloz (*Peines*, section I, art. I), n° 266.

4

prévue ni punie par les tribunaux ordinaires? Pas de récidive, et dès lors pas d'aggravation pénale.

De la preuve de la récidive. — Qui doit faire la preuve de la première condamnation indispensable à l'existence de la récidive? C'est évidemment le ministère public, c'est l'accusation, par application du principe général *onus probandi incumbit ei qui agit.* Si cependant, au cours du débat, cette première condamnation venait à rester ignorée, le condamné devrait, à mon sens, bénéficier de cette omission. La seule raison que j'en donne est qu'il y a chose jugée sur le second délit et sur tout ce qui s'y rattache.

Comment se fait cette preuve? Avant l'introduction des casiers judiciaires (1), cette preuve pouvait être souvent embarrassante. Il était nécessaire, en effet, de produire un extrait de la première condamnation, ce qui donnait lieu à une correspondance souvent difficile, rarement sûre, et entraînant presque toujours de regrettables lenteurs (2).

Aujourd'hui, ces difficultés ont disparu; et comme, d'après les ordres de S. Exc. M. le garde-des-sceaux, chaque dossier criminel ou correctionnel doit contenir un extrait du casier judiciaire appelé Bulletin n° 2, dressé par le greffier, certifié par le ministère public, l'erreur n'est plus guère possible.

Avant l'introduction des casiers judiciaires et sous l'empire des art. 600 et suivants du Code d'Instruction Criminelle, la preuve de la condamnation pouvait-elle avoir lieu à l'audience par l'aveu du prévenu? M. Dalloz l'avait pensé. Je crois, avec M. Faustin Hélie, que cela n'était pas possible par le seul aveu du prévenu, à moins, toutefois, qu'aux déclarations de l'inculpé vinssent se joindre des documents de nature telle qu'il ne fût pas douteux que la condamnation eût été réellement prononcée.

Quant à la question de savoir s'il appartient aux juges du fait (le jury) ou aux juges du droit (la Cour) d'apprécier si un individu se trouve en récidive ou non, je n'hésite pas à penser que cette appréciation appartient exclusivement à la Cour (3). La raison de décider ainsi, c'est que la récidive, complètement étrangère aux circonstances de fait soumises au jury,

---

(1) Circulaires adressées par S. Exc. M. le garde-des-sceaux à MM. les procureurs généraux les 6 novembre 1850, 30 décembre 1850, 23 mai 1853.

(2) On se conformait alors aux prescriptions des articles 600, 601 et 602 du Code d'Instruction Criminelle.

(3) *Contra*, M. Carnot sur l'art. 56 du Code Pénal, n° 14.

n'est qu'une *cause d'aggravation* de la peine, et qu'à ce titre elle doit appartenir exclusivement aux magistrats de la Cour d'Assises.

CHAPITRE IV.

Des effets de la récidive sur la pénalité. — De l'aggravation des peines par la récidive.

Le principe de la récidive a été, nous l'avons vu, admis par toutes les législations; mais les aggravations qu'elle entraîne ont varié avec les peuples et avec les temps. Pour ne parler ici que du Code Pénal, le législateur français a successivement développé trois systèmes différents : le premier, né avec la loi, en 1810, a subsisté jusqu'à la révision de 1832; le second, plus compliqué eu égard à l'introduction dans la législation des circonstances atténuantes, a duré depuis 1832 jusqu'en 1863, époque à laquelle une nouvelle révision du Code Pénal (loi du 13 mai 1863) a introduit sinon un nouveau système, du moins des modifications profondes à la loi de 1832. Nous étudierons successivement la législation sous ces trois époques.

SECTION PREMIÈRE.

Système de 1810.

Le système des législateurs de 1810 se distingue du système actuel par un caractère de simplicité qui rendait d'une application facile toutes les hypothèses où la récidive se présentait. Une symétrie parfaite existait alors entre la nature du fait incriminé et la pénalité encourue. Si le fait était un crime, il y avait toujours lieu à l'application d'une peine afflictive et infamante. Les délits étaient toujours punis de peines correctionnelles; d'où il résulte que quatre hypothèses pouvaient seules se rencontrer : 1° récidive de crime à crime; 2° récidive de délit à délit; 3° récidive de crime à délit; 4° récidive de délit à crime.

Dans le premier cas, c'est-à-dire dans la récidive de crime à crime, on appliquait au second crime la peine du degré supérieur à celle qu'il eût encourue sans le fait de la récidive. On doit reconnaître cependant que les dispositions, d'ailleurs très-rigoureuses de l'ancien art. 56, manquaient

souvent de logique; ainsi, la récidive transformait le *bannissement*, peine
purement politique, en la *réclusion*, peine de droit commun; et nous verrons bientôt, en étudiant les autres dispositions du Code à cette époque,
que c'est là le moindre reproche qu'on pouvait lui faire.

Dans notre seconde hypothèse (récidive de délit à délit), et lorsque la
première peine subie était supérieure à une année d'emprisonnement, on
appliquait le maximum de la peine, et même le juge avait le pouvoir de
porter cette peine au double (ancien art. 58); en outre, le condamné était
soumis à la surveillance de la haute police pendant cinq ou dix ans.

Dans le troisième cas, ou récidive de crime à délit, l'agent était puni du
maximum de la peine, qui pouvait encore être élevée au double (ancien
art. 57).

Quant à la récidive de délit à crime, elle n'entraînait aucune aggravation
de peine. Nous verrons qu'il en est de même sous le système actuel, et
nous donnerons les raisons de cette disposition, qui peut paraître anormale
au premier abord, mais qui se justifie facilement en législation.

SECTION DEUXIÈME.

Système de 1832.

La législation pénale est sujette, comme les autres, à des modifications
fréquentes. L'infliction d'une peine, même juste, n'est en effet légitime
que dans la mesure de sa nécessité, nécessité relative et variable comme
les intérêts et les besoins de l'ordre social.

Si le Code Pénal de 1810 avait le mérite d'une simplicité qui excluait
les difficultés d'application, il encourait le grave reproche de ne pas tenir
un compte suffisant de tous les éléments moraux de culpabilité, ni des
circonstances accessoires et variées qui, sans modifier l'incrimination du
fait, influent cependant sur sa criminalité. L'introduction des *circonstances
atténuantes* ne fut qu'une satisfaction donnée à la justice et à l'opinion
publique d'une part, et, d'autre part, aux intérêts de la société, qui voyait
maintenir dans son sein des criminels qu'une sévérité disproportionnée de
la loi avait fait acquitter par le jury. Cette latitude d'appréciation laissée
aux juges du fait, qui leur permettait de venger la société en rassurant
leur conscience inquiète, réagit directement sur les peines en les adoucis-

sant. Le crime cessa d'être toujours puni d'une peine afflictive et infamante; les circonstances atténuantes permirent de lui appliquer les peines correctionnelles.

En ce qui concerne la matière qui nous occupe, l'adoucissement produit par les circonstances atténuantes donna naissance à de nouvelles hypothèses, puisque les deux éléments de la récidive, la première et la deuxième condamnation, allaient se trouver pour ainsi dire dédoublés.

C'est l'art. 56 du Code Pénal qui résume toutes ces modifications. Quant aux art. 57 et 58, le législateur de 1832 les laissa intacts. A mon sens, c'était peut-être se montrer inconséquent et laisser imprévue une hypothèse à laquelle les circonstances atténuantes donnaient naissance.

Nous nous bornons à donner une idée générale du changement apporté par la loi du 21 avril 1832 au Code de 1810. Comme la rédaction de l'art. 56 est encore celle qui est en vigueur aujourd'hui, il nous a semblé préférable de faire un exposé général du système actuel, dont nous devons le complément à la loi du 13 mai 1863.

SECTION TROISIÈME.

Système actuel et loi du 13 mai 1863.

Les dispositions du Code Pénal de 1810 n'avaient été que partiellement modifiées par la loi de 1832. Les art. 57 et 58 restaient encore debout. Jusqu'en 1863, la récidive fut réglée, partie par les dispositions originaires, partie par la loi nouvelle, combinaison qui devait amener des incohérences, susciter des difficultés.

Outre l'inconvénient que nous avons signalé dans l'économie du Code de 1810, et auquel remédia l'admission des circonstances atténuantes, en ce qui concerne spécialement la matière de la récidive, ses dispositions étaient illogiques en ce sens qu'elles présentaient deux systèmes distincts d'aggravation de peine. En matière criminelle, on aggravait la pénalité par substitution de peine, c'est-à-dire en remplaçant la peine ordinaire par une peine supérieure, système qui avait été poussé à des limites extrêmes, et, ne craignons pas de le dire, même injustes, en substituant, par exemple, la peine de mort à celle des travaux forcés perpétuels. N'y a-t-il pas, en effet, entre ces deux pénalités un abîme infranchissable? C'est de la part du législateur une faute d'autant plus impardonnable, que le vice d'une aussi regrettable disposition lui a été signalé avec insistance et à plusieurs reprises. « Dès 1808, dit M. Faustin Hélie (1), la Commission du Corps- « Législatif repoussait la peine de mort comme peine substituée à celle des « travaux forcés à perpétuité dans les cas de récidive. — *Toute récidive,* « *disait cette Commission, doit sans doute aggraver la seconde peine; mais,* « *autant qu'il est possible, on doit faire des efforts pour établir une grada-* « *tion proportionnelle et équitable.* Depuis la promulgation du Code, l'opi- « nion générale n'a pas tardé à s'élever contre cette énorme aggravation de « peine ; et un garde-des-sceaux, M. Bourdeau, ne faisait qu'obéir à cette « impulsion lorsqu'il présentait, le 9 juin 1829, à la Chambre des Pairs, « un projet de loi qui restreignait le dernier paragraphe de l'art. 56 aux « seuls cas de meurtre commis par un individu condamné à perpétuité. » En 1832, on proposa un article déclarant qu'en aucun cas l'aggravation de la peine par la récidive ne pouvait donner lieu à la peine de mort. Cet article, qu'on fit retrancher du projet définitif, reparut sous forme d'amendement, amendement qui fut combattu par cette idée, que les autres pénalités étaient épuisées contre le récidiviste déjà puni de la peine des travaux forcés à perpétuité. Étrange réponse! De ce qu'on a épuisé une pénalité, s'ensuit-il qu'il faille exécuter à mort si le crime ne mérite pas cette peine? « Ajoutez s'il le faut, s'écrie M. Hélie indigné d'un semblable raisonne- « ment, ajoutez à la rigueur de la peine; doublez le poids des chaînes du « coupable; jetez-le, comme le législateur de la Louisiane, dans une cellule « solitaire.....; mais réservez la peine de mort pour l'assassinat!..... »

En matière correctionnelle, sous le Code de 1810, la nature de la peine n'était pas altérée; elle restait la même, sa quotité seule variait. On se contentait d'en appliquer le maximum ou encore de la doubler.

On aurait pu croire que la loi de 1832 eût fait cesser cette confusion. Elle ne l'a diminuée qu'en partie. Outre ce grave reproche fait, quant au fond, au législateur de 1832, nous devons lui adresser aussi un reproche de forme. M. Faustin Hélie fait remarquer en effet avec justesse qu'aux § 4 et 5 (art. 56) le mot *lequel* devrait remplacer le mot *laquelle*, attendu que c'est en réalité le maximum de la peine qui doit être porté au double.

La récidive, que quelques auteurs divisent en récidive criminelle, réci-

(1) Tome I, n° 138.
(2) *Moniteur* du 11 juin 1829.

dive correctionnelle et récidive mixte, sera par nous examinée en passant en revue successivement toutes les hypothèses possibles; mais avant de déterminer ces hypothèses, il nous faut poser deux règles dont l'application rendra les solutions plus faciles.

Première règle. — Le premier élément de la récidive a pour base la peine réellement prononcée et non la nature du fait incriminé; de telle sorte que l'on devrait dire : il y a récidive de *telle peine* à *tel fait*, et non récidive de tel fait à tel autre fait. En d'autres termes, il faut toujours considérer la peine réellement encourue et non la peine qui aurait dû être prononcée à raison de la qualification de l'infraction.

Cette règle était controversée sous l'empire du Code de 1810 : la nouvelle rédaction des art. 56, 57 et 58 a tranché la question en validant la règle. (Cass., 8 mars 1838; — 3 décembre 1840; — 21 janvier 1852.)

Le second élément de la récidive, au contraire, est le fait incriminé lui-même, ou, si l'on veut encore, la peine légale qu'il encourt. Ainsi, un crime est toujours puni légalement (c'est-à-dire abstraction faite des circonstances atténuantes qui peuvent exister) d'une peine afflictive et infamante; un délit, d'une peine correctionnelle.

Deuxième règle.—De ce qu'il faut considérer comme second élément de la récidive le fait incriminé et la peine légale, il résulte que l'aggravation de la récidive doit précéder l'application des circonstances atténuantes qui peuvent être déclarées sur le deuxième fait. Voyons d'abord quel intérêt il y a à ce que cette aggravation précède au lieu de suivre.

Prenons un cas de récidive de crime à crime. Le premier, supposons-le, a été puni de la peine de la réclusion; le second est punissable aussi de la réclusion, mais le jury admet des circonstances atténuantes. Si la Cour commence par aggraver la peine, celle-ci deviendra la peine des travaux forcés à temps; puis, les circonstances atténuantes influant, elle descendra à la réclusion, ou si la Cour franchit deux degrés, à une peine correctionnelle, l'emprisonnement ne pouvant, toutefois, être moindre d'une année. Si, *contra*, la Cour applique d'abord les circonstances atténuantes, la réclusion va se changer en la peine de l'emprisonnement; puis, l'aggravation de la récidive opérant sur l'emprisonnement, on devra en porter la durée au maximum et on pourra élever ce maximum au double. Ainsi, d'après la première méthode, le minimum de la peine appliquée sera le minimum de l'emprisonnement, c'est-à-dire un an, et dans la seconde hypothèse le maximum porté au double, c'est-à-dire dix ans. Or, nous disons que la première méthode doit être seule employée. Démontrons-le.

Le § 8 de l'art. 463 du Code Pénal est ainsi conçu : « Dans les cas où « le Code prononce le maximum d'une peine afflictive, s'il existe des cir- « constances atténuantes, la Cour appliquera le minimum de la peine ou « même la peine inférieure. » Or, le Code ne prononce ce maximum qu'en cas de récidive ; il est donc bien manifeste que les circonstances atténuantes influent sur le maximum, c'est-à-dire sur l'aggravation résultant de la récidive.

Faisons maintenant application de nos règles aux combinaisons qui peuvent se rencontrer. Nous allons reprendre une à une les hypothèses qui se présentent aujourd'hui.

Première hypothèse. — La première est celle d'un individu condamné à une peine afflictive et infamante, qui se rend coupable d'un nouveau crime punissable d'une peine afflictive et infamante. Ce cas est réglé par l'art. 56.

Il résulte de ses termes que l'existence d'une condamnation antérieure est la base fondamentale de la récidive. L'art. 56 actuel n'a pas reproduit les mots *pour crime* qui se trouvaient dans le Code de 1832. Cette suppression a coupé court à des difficultés que la jurisprudence avait élevées sur le sens et la portée de ces expressions. Nous voyons, en effet, dans plusieurs arrêts de Cassation (Cass., 10 avril 1818 ; — 18 janvier 1827 ; — 13 octobre 1827) que, partant de ces termes, on avait décidé que l'accusé dont l'âge avait nécessité l'application d'une peine correctionnelle, n'en était pas moins soumis à l'aggravation résultant de la récidive. Aujourd'hui, tout doute est impossible sur la volonté du législateur. Aussi, lorsqu'il arrive que l'accusé d'un crime n'a encouru qu'une peine correctionnelle à raison de l'âge ou d'autres circonstances atténuantes, l'aggravation de la récidive ne s'applique pas s'il commet un second crime. (Cass., 7 juillet 1853.)

La loi du 8 juin 1850 sur la déportation a encore, suivant quelques auteurs, apporté une modification au § 6 de l'art. 56. En matière politique, la peine de mort, supprimée par la Constitution du 4 novembre 1848, rétablie en certains cas privilégiés par la loi du 10 juin 1853, est remplacée par celle de la déportation. La peine de la déportation dans une enceinte fortifiée est le degré supérieur de la peine de la déportation simple, et doit, conséquemment, remplacer la peine des travaux forcés à perpétuité édictée par le § 6 de l'article dont nous nous occupons. Quant à l'échelle des pénalités, il suffit de se reporter au texte de l'article lui-même, qui ne me paraît devoir donner lieu à aucune difficulté d'application, en tenant compte, toutefois, de l'observation que nous avons faite relativement à la loi de 1850.

Deuxième hypothèse. — Un individu condamné pour crime à la surveillance de la haute police (V. art. 100, 108, 138, 144 du Code Pénal) se rend coupable d'un second crime entraînant une peine afflictive et infamante : y a-t-il lieu, dans ce cas, à l'aggravation résultant de la récidive? Non. Il a été, en effet, établi en principe que l'art. 56 exige comme condition indispensable qu'il y ait eu une première condamnation à une peine afflictive ou infamante. Or, la surveillance de la haute police ne devient pas une peine afflictive ou infamante par cela seul qu'elle a été encourue sur une poursuite criminelle. L'art. 56 est donc inapplicable.

Troisième hypothèse. — Une peine correctionnelle a été prononcée, à raison d'un crime, par suite de l'admission d'une excuse, ou par l'effet des circonstances atténuantes. *Quid* si le condamné commet plus tard un crime punissable d'une peine afflictive ou infamante? Je crois qu'il n'y a pas lieu à l'aggravation pénale. L'art. 56 suppose, dans la rigueur de ses termes, une première condamnation à une peine afflictive et infamante, ce qui n'existe pas dans l'espèce. L'art. 57 n'est pas non plus applicable, car il suppose, comme second terme, une nouvelle condamnation à une peine correctionnelle. D'ailleurs, il est incontestable que la peine encourue pour le second crime étant nécessairement afflictive et infamante, suffira toujours, et au-delà, pour punir la rechute de l'agent. (Cass., 3 décembre 1840.)

Quatrième hypothèse. — Une personne est condamnée pour crime à une peine supérieure à une année d'emprisonnement, c'est-à-dire à une peine correctionnelle ou criminelle. Cette personne commet un délit ou un crime; mais dans ce dernier cas, le jury écarte les circonstances aggravantes. Il y aura lieu à l'application de l'art. 57 tel qu'il a été réformé par la loi du 13 mai 1863. Cette hypothèse est directement prévue par le texte. Ainsi, la Cour prononcera le maximum de la peine édictée par la loi, puis qui

pourra être élevée jusqu'au double; et il sera, de plus, placé sous la surveillance de la haute police pendant cinq ans au moins, et dix ans au
plus.

Cinquième hypothèse. — Un condamné pour crime à une peine supérieure
à une année d'emprisonnement, commet un second crime qui, à raison
d'une excuse, n'est passible que de peines correctionnelles : nous appli-
querons encore la teneur de l'art. 57. Il est important de remarquer
cependant que la récidive produit son effet sur la peine mitigée à la suite
de l'excuse des art. 326 ou 67, parce que cette peine mitigée n'est autre
que la peine *légale* qu'encourt le crime; tandis que les circonstances atténuantes sont laissées à la discrétion du jury, et aussi, dans une certaine
mesure au moins, l'abaissement de la peine à la volonté de la Cour.

Sixième hypothèse. — Elle est spécialement prévue par l'art. 57. Exa-
minons-en la teneur : « Celui, dit cet article, qui, condamné pour crime
« à une peine supérieure à une année d'emprisonnement, aura commis un
« délit *ou un crime qui ne devra être puni que de peines correctionnelles,*
« sera condamné au maximum de la peine portée par la loi, et cette peine
« pourra être élevée jusqu'au double. Le condamné sera, de plus, soumis
« à la surveillance de la haute police pendant cinq ans au moins et dix ans
« au plus. »

L'application de cet article ne présente, nous l'avons vu, aucune difficulté si, après sa première condamnation, l'agent s'est rendu coupable
d'un délit, ou si, ayant commis un crime, ce crime a dégénéré en simple
délit, soit par suite de l'âge, soit parce que le jury a écarté les circonstances aggravantes.

Mais la question devient délicate et l'application de la loi difficile, si l'on
place en regard du texte de l'art. 57 le dernier paragraphe de l'art. 463,
aux termes duquel, dans tous les cas où la loi prononce la peine de l'emprisonnement, les tribunaux, s'il y a des circonstances atténuantes, sont
autorisés, *même au cas de récidive,* à réduire l'emprisonnement jusqu'à six
jours et l'amende jusqu'à 16 fr.

Or, de deux choses l'une :

Ou l'art. 57, en ordonnant aux tribunaux de frapper du maximum de la
peine édictée par la loi, et même du double, le coupable d'un crime dégénéré en délit, a, dans la généralité de ses termes, prévu le cas spécial, ou

les circonstances atténuantes auraient opéré cette métamorphose ; et alors, l'effet de ces circonstances est restreint par l'art. 57 au maximum de l'emprisonnement (cinq ans), qui peut être élevé au double.

Ou, au contraire, l'art. 57 a laissé à l'art. 463 le soin de prévoir et de régler le cas où, par suite des mêmes circonstances, un crime dégénère en délit, et il ne s'agit alors que d'une peine extrêmement minime, six jours d'emprisonnement.

Cette contradiction de textes est d'autant plus surprenante, qu'elle fut signalée au sein même de la Chambre. M. le garde-des-sceaux Delangle, s'adressant à MM. les procureurs généraux dans une circulaire qui a eu l'heureuse fortune d'exciter l'enthousiasme de M. Bertauld, en a fait pressentir les difficultés, et M. Faustin Hélie, commentant, dès sa promulgation, la loi du 13 mai 1863, a signalé les difficultés que devrait soulever, dans la pratique, l'application de l'art. 57.

Quoi qu'il en soit, il faut opter entre ce dernier article et l'art. 463. Je dois dire qu'il ressort des discussions du Corps-Législatif et des discours des orateurs du gouvernement, que la Chambre presque tout entière s'est prononcée pour l'art. 463 en rejetant l'art. 57. Tout cela n'a point convaincu M. Bertauld. Au sentiment du savant professeur, le choix de l'art. 463 repose sur une idée spécieuse et décevante. Le juge chargé de prononcer la peine a devant lui un maximum inflexible, le maximum de la peine correctionnelle qu'il doit suivre, et l'on doit réserver aux délits et aux *seuls* délits l'application de l'art. 463.

Quant à nous, s'il nous est permis de prendre parti et de hasarder un avis sur une question que la controverse n'a pas encore mûrie, c'est à l'art. 463 que nous donnerons force de loi dans l'espèce. Nous y sommes déterminé tout d'abord par cette raison, que le résultat auquel il conduit est plus favorable au condamné que celui de l'art. 57, et nous croyons devoir appliquer ici la règle si sage des jurisconsultes romains : « *Semper « in dubiis benigniora præferenda sunt* » (1). Mais, de plus, et si nous avions quelques scrupules encore, ils s'évanouiraient devant les deux motifs suivants : 1° La loi détermine *in abstracto*, d'une part, les causes qui peuvent atténuer la peine ; d'autre part, celles qui peuvent l'aggraver ; puis, pour faire face à l'imprévu, elle admet la possibilité des circonstances atténuantes. Or, ces circonstances ont pour effet de modifier la

(1) Gaius, loi 56, *De regulis*, liv. XL, tit. XVII.

peine prononcée en adoucissant sa rigueur. Cette peine doit forcément être déterminée *a priori* et aggravée par l'existence de la récidive, avant qu'on fasse produire effet aux circonstances atténuantes. C'était la doctrine de la Cour de Cassation avant 1863, et il est à croire que, depuis lors, elle n'a pas changé. Appliquer l'art. 57 en notre hypothèse, c'est appliquer les circonstances atténuantes avant l'aggravation de la récidive, ce qui est contraire à la règle que nous avons établie et démontrée plus haut. — 2° Les conséquences auxquelles conduit le système contraire ne sont guère admissibles. Supposons, en effet, une personne condamnée à plus d'une année d'emprisonnement, qui commet un crime passible de la réclusion; s'il n'y a pas de circonstances atténuantes, elle sera condamnée à la réclusion, et comme il y a récidive, la durée de cette peine sera de dix années au moins; si l'on admet les circonstances atténuantes, la Cour, aux termes de l'art. 57, pourra, n'abaissant la peine que d'un degré, la réduire à un emprisonnement qui pourra être de dix ans et emportera de droit condamnation à la surveillance. Cet abaissement de peine est illusoire. En suivant au contraire l'art. 463, l'effet des circonstances atténuantes, dans la même espèce, serait de permettre à la Cour d'abaisser la peine dans de raisonnables proportions.

Septième hypothèse. — Une condamnation à plus d'une année d'emprisonnement a été prononcée. Le coupable commet un nouveau délit, ou un crime qui s'est changé en délit, parce que le jury a écarté les circonstances aggravantes. Cette hypothèse, expressément réglée par l'art. 57, et que j'ai déjà examinée, implicitement du moins, ne donne lieu à aucune difficulté.

Huitième hypothèse. — Après avoir été condamné pour délit à plus d'une année d'emprisonnement, un individu se rend ensuite coupable d'un crime punissable d'une peine afflictive et infamante. Pas d'aggravation dans ce cas : les art. 56, 57, 58 ne le prévoient pas, et c'est justice. D'une part, en effet, il est certain que l'inefficacité de la peine correctionnelle ne prouve rien contre l'inefficacité d'une peine infiniment plus grave; et d'un autre côté, le législateur a pensé que les limites du minimum et du maximum de la peine criminelle suffiraient pour tenir compte au délinquant de l'accroissement de perversité dont il a fait preuve.

Neuvième hypothèse. — Le premier terme de la récidive est ici une condamnation pour délit à un emprisonnement de plus d'une année. Le coupable commet un crime qui, par suite d'une excuse, n'est passible que d'une peine correctionnelle ; y a-t-il récidive ? Nous sommes dans l'espèce que prévoit et règle l'art. 58.

Dixième hypothèse. — Un individu condamné pour délit à plus d'un an d'emprisonnement commet un crime qui, par suite de l'admission *des circonstances atténuantes*, n'est passible que de peines correctionnelles. La divergence que nous avons signalée dans la sixième hypothèse va se reproduire ici. La question est de savoir si l'on doit appliquer l'art. 58 ou l'art. 463 ? Nous croyons devoir maintenir notre première opinion, et nous rejetons l'art. 58. Quels en sont, en effet, les termes ? « Les coupables « condamnés correctionnellement à un emprisonnement de plus d'une « année seront aussi, en cas de nouveau délit ou de crime qui *devra* n'être « puni que de peines correctionnelles, condamnés au maximum de la « peine portée par la loi, et cette peine pourra être élevée au double. Ils « seront, de plus, mis sous la surveillance spéciale du gouvernement pen- « dant au moins cinq années et dix ans au plus. »

En employant l'expression *devra*, le législateur me semble exclure le crime qui, par suite de l'admission de circonstances, *peut* n'être puni que de peines correctionnelles, mais qui peut tout aussi bien être puni de peines afflictives et infamantes, et il est manifeste qu'il s'agit ici de la seule hypothèse où le crime *doit* nécessairement dégénérer en délit, c'est-à-dire quand le jury a accordé le bénéfice des circonstances atténuantes.

Du reste, le système qui applique la teneur de l'art. 58 comme minimum de peine en cas de circonstances atténuantes, conduit, nous l'avons déjà vu, à des conséquences inadmissibles. Nous en citerons un dernier exemple bien frappant que nous empruntons à M. l'avocat-général Savary, dans ses conclusions sur un pourvoi soumis à la Cour de Cassation (26 mars 1864) : « Supposez, dit-il, un individu déjà condamné pour crime à une peine « afflictive et infamante, et qui se rend coupable d'un vol domestique : le « jury a admis en sa faveur des circonstances atténuantes ; son sort est « réglé par les art. 56 et 463 combinés. La Cour d'Assises peut prononcer « contre lui la peine de la réclusion, mais elle peut aussi appliquer « l'art. 401, et fixer la durée de la peine dans les limites du minimum au « maximum, pourvu qu'elle ne la fasse pas descendre au-dessous de deux

« années. Si ce même accusé, au lieu d'être en état de récidive pour un
« crime précédent, n'est en état de récidive que pour avoir commis un
« premier délit, la disposition de l'art. 58 oblige la Cour à prononcer
« contre lui au moins cinq années d'emprisonnement et cinq années de
« surveillance. C'est là un résultat monstrueux et qui suffit pour condam-
« ner l'interprétation qui le produit ! »

La Cour de Cassation et, après elle, la Cour d'Assises d'Ille-et-Vilaine,
repoussèrent ces conclusions et appliquèrent l'art. 58 ; mais cette jurisprudence n'est pas uniforme, car la Cour d'Assises de Saône-et-Loire
a établi contre elle un heureux précédent. (Cass., 26 mars 1864 ; — Cour
d'Ass. d'Ille-et-Vilaine du 11 mai 1864 ; — de Saône-et-Loire du 7 décembre 1863.)

SECTION QUATRIÈME.

De la récidive en matière de contraventions.

La contravention est une infraction commise à des lois de police, et qui
existe abstraction faite de toute intention criminelle et de toute fraude.
En un mot, si l'on nous permet cette expression, c'est une punition purement matérielle, alors que le crime et le délit sont des infractions maté-
rielles et morales tout à la fois. De ce principe, nous tirons immédiatement
la conséquence qu'il n'y avait aucune relation à établir entre les délits et
les crimes d'un côté, et les contraventions de l'autre. Ainsi, l'existence
antérieure d'un crime ou d'un délit ne constitue pas un premier terme de
récidive pour la contravention. Il n'y a, en notre matière spéciale, récidive
que de contravention à contravention. On pourrait, partant de ce principe
que la contravention est une infraction purement matérielle, arriver à ce
résultat, que la récidive est illégitime, parce que sa base, qui est l'accroissement de perversité de l'agent, fait ici défaut, la loi ne tenant aucun
compte de l'élément moral.

Quoi qu'il en soit, la récidive existe, et nous avons à en déterminer
les conditions et les effets. C'est à l'art. 483 du Code Pénal que nous
devons nous reporter.

Ici, comme pour les délits et les crimes, il faut qu'il existe une première
condamnation pour contravention. Mais il y a, en outre, deux conditions
qui ont pour effet de restreindre l'application de la récidive. Il faut, en
second lieu, qu'une nouvelle contravention soit commise dans le ressort du

même tribunal. Quel tribunal ? Évidemment celui qui a prononcé la première condamnation. Ainsi, si nous supposons une ville divisée en plusieurs cantons, à la tête de chacun desquels soit un tribunal spécial de police, une contravention commise dans la même ville, mais dans un canton différent, ne pourra servir de premier terme à la récidive.

Comme troisième condition, il faut qu'il n'y ait pas eu douze mois d'intervalle entre la première condamnation et la seconde contravention.

Quant aux effets de la récidive, aucune difficulté ne s'élève à leur endroit; il nous suffira de citer ici les art. 474, 478 et 482. On voit que l'effet de la récidive est d'aggraver la peine, mais seulement dans la limite des peines de simple police.

APPENDICE

Il me paraît nécessaire, pour compléter les notions générales qui précèdent, d'indiquer brièvement certains cas particuliers dans lesquels le législateur a cru devoir s'écarter des règles ordinaires de la récidive.

Notre loi pénale ne punit en général qu'une première récidive, mais cette règle comporte quelques exceptions.

Ainsi, les art. 199 et 200 du Code Pénal prévoient le cas particulier où le ministre d'un culte procèderait à la cérémonie religieuse du mariage avant d'avoir préalablement exigé la production de l'acte de sa célébration. Dans ce cas, la loi édicte une simple amende pour la première contravention, l'emprisonnement pour une première récidive, et la peine de la détention au cas d'une *seconde* récidive (1).

On a controversé la question de savoir si les peines particulières portées par l'art. 245 du Code Pénal, en ce qui concerne l'évasion des prisonniers prévenus ou accusés, et applicables, sans nul doute, aux *condamnés*, sanctionnaient un cas *spécial* de récidive. Je ne le pense pas. Le délit a été commis, il est vrai, après une première condamnation ; mais l'évasion, eu égard à cette condamnation, n'est pas un fait nouveau, elle s'y rattache, au contraire, puisqu'elle n'en est que l'inexécution (2).

(1) L'art. 83 de la loi du 26 janvier 1851, sur la garde nationale, sanctionne par des peines spéciales jusqu'à la troisième récidive.

(2) Cass., 9 mars 1837.

Nous devons également décider, et par application du même principe, que l'infraction au ban de surveillance de la haute police ne saurait donner lieu à l'application des peines de la récidive. De nombreux arrêts ont, d'ailleurs, consacré cette doctrine (Riom, 26 novembre 1834; — Cass., 15 juin 1837; — Rennes, 16 octobre 1852). Observons néanmoins, en terminant, que si le coupable, pendant la rupture de son ban, subit une condamnation qui puisse devenir l'un des éléments de la récidive, il sera considéré comme récidiviste et puni en conséquence.

POSITIONS.

Droit romain.

I. — La tradition de la femme au mari était-elle nécessaire pour la validité des *Justæ nuptiæ*? — Oui.

II. — La condamnation au quadruple édictée par l'action *vi bonorum raptorum* porte à la fois et sur la valeur vénale de la chose et sur le gain que le propriétaire a été empêché de réaliser.

Code Napoléon.

III. — La femme qui refuse d'habiter avec son mari peut-elle y être contrainte *manu militari*? — Non.

IV. — L'interdit peut-il se marier dans un intervalle lucide? — Non.

V. — Les ventes d'immeubles consenties par l'héritier apparent sont-elles valables? — Non.

VI. — Le mandat peut-il être tacite? — Oui.

VII. — L'hypothèque est-elle un démembrement de la propriété? — Oui.

VIII. — L'hypothèque légale de la femme renonçante porte-t-elle sur les conquêts aliénés pendant la communauté? — Non.

Procédure civile.

IX. — L'art. 59 du Code de Procédure, 6e alinéa 1°, n'a pas modifié la compétence attribuée par l'art. 822 du Code Napoléon au tribunal, de l'ouverture de la succession pour les demandes en rescision de partage et en garantie de lots entre cohéritiers.

Droit commercial.

X. — Le billet à domicile est-il, par sa nature, un acte de commerce? — Non.

6

XI. — Le commerçant qui meurt la veille de cesser ses paiements peut-il être déclaré en faillite? — Oui.

Droit criminel.

XII. — Doit-on appliquer à l'accusé récidiviste qui se trouve dans le cas des art. 57 ou 58 du Code Pénal, la teneur de ces articles, ou l'art. 463 du même Code? — L'art. 463.

XIII. — La réhabilitation obtenue pour une première condamnation met-elle obstacle à la formation du premier terme de la récidive? — Non.

XIV. — L'art. 365 du Code d'Instruction Criminelle doit-il s'appliquer, dans la généralité de ses termes, aux matières correctionnelles et de simple police aussi bien qu'aux affaires soumises au jury? — Non.

XV. — L'art. 365 du Code d'Instruction Criminelle doit-il influer sur l'application des peines accessoires? — Non.

Droit administratif.

XVI. — Le prêtre qui se rend coupable à la fois d'un crime ou un délit et d'un abus, peut-il être poursuivi devant les tribunaux à raison du crime ou du délit sans avoir été préalablement déféré au Conseil d'État pour abus? — Oui.

AMÉDÉE BÉESAU,

Vu pour l'impression,

Le Doyen, ED. BODIN.

Rennes. — Imp. Catel.